BEI GRIN MACHT SICH
WISSEN BEZAHLT

- Wir veröffentlichen Ihre Hausarbeit,
  Bachelor- und Masterarbeit

- Ihr eigenes eBook und Buch -
  weltweit in allen wichtigen Shops

- Verdienen Sie an jedem Verkauf

Jetzt bei www.GRIN.com hochladen
und kostenlos publizieren

Timo Müller, Jobst Planz

WebServices und serviceorientierte Architektur

GRIN Verlag

Bibliografische Information der Deutschen Nationalbibliothek:

Die Deutsche Bibliothek verzeichnet diese Publikation in der Deutschen National-
bibliografie; detaillierte bibliografische Daten sind im Internet über http://dnb.d-
nb.de/ abrufbar.

Impressum:

Copyright © 2009 GRIN Verlag GmbH
Druck und Bindung: Books on Demand GmbH, Norderstedt Germany
ISBN: 978-3-656-33959-5

Dieses Buch bei GRIN:

http://www.grin.com/de/e-book/206818/webservices-und-serviceorientierte-archi-
tektur

GRIN - Your knowledge has value

Der GRIN Verlag publiziert seit 1998 wissenschaftliche Arbeiten von Studenten, Hochschullehrern und anderen Akademikern als eBook und gedrucktes Buch. Die Verlagswebsite www.grin.com ist die ideale Plattform zur Veröffentlichung von Hausarbeiten, Abschlussarbeiten, wissenschaftlichen Aufsätzen, Dissertationen und Fachbüchern.

Besuchen Sie uns im Internet:

http://www.grin.com/

http://www.facebook.com/grincom

http://www.twitter.com/grin_com

FernUniversität in Hagen

WebServices und
serviceorientierte Architektur

Seminararbeit

Vorgelegt der Fakultät für Mathematik und Informatik

Von: Jobst Pflanz

          Timo Müller

Wintersemester 2009/2010

Inhaltsverzeichnis

Abbildungsverzeichnis

Tabellenverzeichnis

Abkürzungsverzeichnis

ADL	Architecture Description Language
AXIS	Apache eXtensible Interaction System
BPEL	Business Process Execution Language
CLR	Common Language Runtime
COM	Component Object Model
DI	Dependency Injection
DLL	Dynamic Link Library
D-U-N-S	Data Universal Numbering System
EJB	Enterprise JavaBeans
GUI	Graphical User Interface
http	Hypertext Transfer Protocol
IDL	Interface Description Language
IoC	Inversion of Control
IT	Information Technology
JSF	Java ServerFaces
OOA	Object Oriented Architecture
SMTP	Simple Mail Transport Protocol
SOA	Service Oriented Architecture
SOAP	Simple Object Access Protocol
TCP/IP	Transission Control Protocol, Internet Protocol
UDDI	Universal Description, Discovery and Integration
UML	Unified Modeling Language
URI	Uniform Resource Identifier
WSDL	Web Services Description Language
WSFL	Web Services Flow Language
XLANG	XML Erweiterung für WSDL
XML	Extensible Markup Language
XPDL	XML Process Definition Language
XSD	XML Schema Definition

1 Einleitung

Diese Seminararbeit beschäftigt sich mit den Themen „serviceorientierte Architekturen" und „Web Services". Es folgen eine kurze Einführung und ein Überblick über den Inhalt der Seminararbeit.

SOA und Web Services gewinnen in der Integration von Geschäftsanwendungen zunehmend an Bedeutung. Wie wir im Laufe der Seminararbeit sehen werden, ist SOA ein Konzept, welches das Geschäft eines Unternehmens nach Diensten strukturiert, wohingegen Web Services eine konkrete Implementierung dieses Begriffes darstellen.

In Kapitel 2 werden wir uns näher mit dem Thema der „serviceorientierten Architekturen" befassen. Mit „Services" sind die Dienste eines Unternehmens gemeint. Durch die Bereitstellung von Diensten über SOA, ergeben sich für Unternehmen unter anderem Vorteile, wie Flexibilität und Vereinfachung der Verwaltung und Wartung großer Software-Anwendungen und Kosteneinsparungen durch Integrierung externer Services, bzw. Wiederverwendung von Services (2.1). Wir werden in diesem Kapitel genauer auf das Paradigma der SOA eingehen.

Wir beginnen mit einer Erläuterung des Begriffes des Services (2.1.1) und werden ihn gegen andere Konzepte wie Objektorientierte Architekturen (2.1.3.1) und die Implementierung durch Web Services (2.1.3.2) gegeneinander abgrenzen. Ausgehend von einer allgemeinen Beschreibung des Services, als „Mechanismus, welcher den Zugriff auf eine oder mehrere Ressourcen ermöglicht", werden wir sehen, dass ein von einem Service Provider angebotener Service über eine Service Schnittstelle angeboten wird.

In einer Beschreibung der Konzepte eines Services beleuchten wir unter anderem Aspekte, wie die Interaktion mit einem Service, die Verfügbarkeit eines Services und das Einrichten von Service-Richtlinien zur Veröffentlichung eines Services. (2.2.1). Um einen Service zu implementieren, ihn bedienen und aufrufen zu können, wird einen nähere Beschreibung des Services benötigt (2.2.1.1). Über Service-Schnittstellen erfolgt dann die Interaktion mit einem Service (2.2.1.2). Zusätzlich zu technischen Beschreibungen, wie ein Service zu erreichen ist, sollte ein Service Anbieter einem Service Konsumenten weitere Informationen über die Verfügbarkeit des Dienstes zur Verfügung stellen, wie z.B. die zeitweise Nichterreichbarkeit des Services (2.2.1.3). Service Richtlinien können z.B. das Verschlüsseln aller Nachrichten in einem bestimmten Format festsetzen, um bestimmten Aspekten von Privatsphäre und Sicherheit gerecht zu werden (2.2.1.5).

In Kapitel 3 wechseln wir zum Thema der Web Services. Um den Begriff des Web Services genauer zu erklären werden wir auf die Definition des W3C zurückgreifen, in welcher ein Web Service als Softwaresystem definiert wird, welches die Interaktion mehrerer Rechner-Instanzen über ein Netzwerk unterstützt und dies über Schnittstellen, in Form von Nachrichten ermöglicht (3.1.2).

Ein wichtiger Aspekt von Web Services ist der Protokollstapel, in welchem man sehr gut die einzelnen Bestandteile der Web Service Architektur sehen kann (3.2). Nach einer kurzen Beschreibung der Schichten des Protokollstapels, wechseln wir zur Technologie eines Web Services (3.3), und werden die einzelnen Bestandteile im Detail zu erläutern. Ausgehend bei einer Beschreibung der Infrastruktur eines Services (3.3.1) gehen wir näher auf das Netzwerkprotokoll SOAP (3.3.2), die Schnittstellen Beschreibungssprache WSDL (3.3.3) und den Verzeichnisdienst für Services, UDDI (3.3.4) ein.

Die Beschreibung der Web Service Technologie schließen wir mit einem kurzen Überblick über mögliche Implementierungen für Web Services ab (3.4), worüber wir einen kurzen Überblick geben werden (3.4.2).

Anschließend werden wir uns einem weiteren wichtigen Aspekt für die Implementierung von Web Services widmen, der Service Komposition (3.5). Mit Hilfe der Service Komposition wird es ermöglicht Web Services, bzw. deren Operationen miteinander zu kombinieren und zu neuen komplexeren Web Services zu erweitern. Damit ergeben sich entscheidende Vorteile wie Wiederverwendbarkeit und Kapselung. In diesem Zusammenhang gehen wir näher auf die Service Orchestrierung und das damit verbundene Orchestrierungsmodell ein (3.5.2.1). Häufig sollen die Operationen eines Web Services abhängig von definierten Bedingungen in vorgegebener Reihenfolge ausgeführt werden. An dieser Stelle ist es dann die Aufgabe der Orchestrierung die Aufrufe der Operationen über Geschäftsprozessen zu definieren.

Als mögliche Implementierung für die Orchestrierung von Web Services werden wir die Business Process Execution Language (BPEL) vorstellen und kurz erläutern (3.5.2.1).

Neben der Orchestrierung werden wir noch das Komponentenmodell von Web Services betrachten (3.5.2.2). Ein Web Service kann als Komponente angesehen werden, da er unter anderem Eigenschaften wie Kapselung, Wiederverwendbarkeit und Komposition besitzt.

Nach der Behandlung von Web Services schließen wir diese Seminararbeit mit einem Blick auf gegenwärtige Trends und einen Ausblick in die Zukunft ab.

2 SOA: Service-Oriented Architecture

2.1 Grundlagen

2.1.1 Überblick

1996 erwähnte das Marktforschungsunternehmen Gartner erstmalig den Begriff einer serviceorientierten Architektur in der Research Note SPA-401-068 „Service-Oriented Architecture Scenario" (23). Der zugrunde liegende Gedanke einer service ortientierten Architektur liegt jedoch nicht in der Technik, wie man vielleicht zu Beginn vermuten mag, sondern vielmehr steht der Geschäftsprozess als Service im Vordergrund: *„The central focus of Service Oriented Architecture is the task or business function getting something done."* (24). Es geht bei dem Software Design Ansatz also darum, die Dienste von Unternehmen und seinen Mitarbeitern zu organisieren, zu strukturieren und effizient nutzbar zu machen.

In einer SOA können Geschäftsprozesse durch die Zusammenstellung von Services abgebildet werden, wobei die Services (vgl. 2.2.1) mit Hilfe einer standardisierten Darstellungsform beschrieben werden. (24): *„The specifics of the interface SHOULD be syntactically represented in a standard referenceable format. These prescribe what information needs to be provided to the service in order to access its capabilities and interpret responses.".*

Die Vorteile werden nach (24) deutlich: *„The main drivers for SOA-based architectures are to facilitate the manageable growth of large-scale enterprise systems, to facilitate Internet-scale provisioning and use of services and to reduce costs in organization to organization cooperation. It provides a simple scalable paradigm for organizing large networks of systems that require interoperability to realize the value inherent in the individual components. (...) An architect using SOA principles is better equipped, therefore, to develop systems that are scalable, evolvable and manageable. It should be easier to decide how to integrate functionality across ownership boundaries. (...) SOA can also provide a solid foundation for business agility and adaptability.".* Setzen wir die im Zitat gebrachten Anmerkungen nun in den Kontext einer Organisation, die die Konzepte der SOA umgesetzt hat, werden die Vorzüge einer SOA deutlich:

- Die Verwaltung und Wartung von großen Software-Anwendungen wird vereinfacht.

- Es können Kosten eingespart werden, indem externe Services integriert werden oder bereits existierende Services in anderen Services wiederverwendet werden.

- Es bietet eine einfache Skalierbarkeit zur Organisation großer Netzwerke von Systemen. In diesem Falle wird Interoperabilität gefordert, da die Ergebnisse einer Berechnung z.T. von individuellen Komponenten abhängen.

- Einfachere Abbildung von neuen Geschäftsmodellen.

- Schnelle Adaptierbarkeit von Anwendungen.

Wir wollen in diesem Kapitel das Referenzmodell der serviceorientierten Architektur näher beschreiben. Wir beginnen zuerst damit, das Referenzmodell gegen konkrete Implementierungen wie die der objektorientierten Architektur (2.1.3.1) und Web Services (2.1.3.2) abzugrenzen. Dann beschreiben wir die zentralen Konzepte der SOA: Der Begriff Service, der sich auch in der offiziellen Bezeichnung des Paradigmas wiederfindet, soll klar definiert werden (2.2.1). Hiermit einher gehen die weiteren zum Begriff Service stehenden Konzepte wie z.B. Beschreibung (2.2.1.1), Schnittstelle (2.2.1.2) und Funktionalität (2.2.1.4).

2.1.2 Definition

Laut (24) ist „*Service Oriented Architecture is a paradigm for organizing and utilizing distributed capabilities that may be under control of different ownership domains.*".

2.1.3 Abgrenzungen

Bei dem Modell der serviceorientierten Architektur handelt es sich um ein abstraktes Referenzmodell (24). Es wurde von OASIS im Dokument „Reference Model for Service Oriented Architecture 1.0" (1996) beschrieben, um Zusammenhänge und Beziehungen zwischen den Merkmalen (wie z.B. Interaktion, Sichtbarkeit usw.) innerhalb dieses Paradigmas offen zu legen. Ein Referenzmodell, wie das der SOA, ist nicht direkt an technische Standards oder Implementierungsdetails gebunden, es soll vielmehr ein vertiefendes Verständnis für das Paradigma vermittelt werden und über die Bausteine informieren, aus denen die Architektur besteht. Es ist nicht möglich, SOA als ausführbare Applikation unmittelbar einzusetzen, es gibt jedoch programmatische Umsetzungen des Architektur Paradigmas, die seit der Erwähnung Gartners im Jahre 1996 entwickelt wurden und sich im Einsatz befinden.

Wir wollen an dieser Stelle kurz anreißen, wie sich die Umsetzungen von dem Modell abgrenzen. Wir beginnen zunächst, dies für Objektorientierte Architekturen (2.1.3.1) zu erklären und folgen dann mit der Abgrenzung zu unserem Hauptthema, der Web Services (2.1.3.2).

2.1.3.1   Objektorientierte Architekturen (OOA)

Die Granularität bei einer serviceorientierten Architektur ist größer als bei objektorientierten. Der Ansatz von SOA ist es, eine Aufgabe oder einen Business Prozess zu erledigen, wohingegen der objektorientierte Ansatz tiefer ansetzt und Operationen mit Daten verknüpft: (24) *„Unlike Object Oriented Programming paradigms, where the focus is on packaging data with operations, the central focus of Service Oriented Architecture is the task or business function – getting something done."*

Bei der OOA sind die Methoden „das Eigentum" eines Objektes, die Methoden werden zu einem gegebenen Datenobjekt erklärt. Bei Services steht nicht die Existenz von Methoden oder der Zugriff darauf im Vordergrund, der Blick ist auf den durchzuführenden Prozess fixiert, der von einem Service angeboten wird.

Um ein Objekt in OOA verwenden zu können, muss eine Instanz aus einer entsprechenden Klasse erzeugt werden, wohingegen bei der Interaktion mit einem Service dieser einfach existiert.

Um die Unterschiede zwischen den zwei Modellen festzustellen, begründet dies (24): *„SOA provides a more viable basis for large scale systems because it is a better fit to the way human activity itself is managed – by delegation."*

Delegation erlaubt es, die Entscheidungskompetenzen ganz oder in Teilen an untergeordnete Stellen weiterzugeben. Das Prinzip der SOA folgt diesem Weg und überträgt die Arbeiten eines durchzuführenden Prozesses an darunterliegende, spezialisierte Services. Diese Services führen die Aufgaben vollständig durch oder erhalten eine Teilaufgabe, die sie dann lösen. Durch diesen Ansatz können Probleme in größeren Klassen zusammengefasst werden.

2.1.3.2   Web Services

(23) beschreibt die Beziehung zwischen SOA und Web Services als „zwei komplementäre Talente": *„Simply speaking, any software that uses the standards Web Services Description Language (WSDL), Simple Object Access Protocol (SOAP) or Universal Description, Discovery and Integration (UDDI) is a Web service."*

Die Implementierung einer standardisierten Schnittstellenbeschreibung durch WSDL verbindet das Modell und die konkrete Umsetzung, sie eignen sich also prinzipiell für den Aufbau einer SOA: (23) *„Web services' WSDL is an SOA-suitable interface definition standard: this is where Web services and SOA fundamentally connect."*. (23) *„Web services are about technology specifications, whereas SOA is a software design principle."*. In der offiziellen Beschreibung des Referenzmodells wird gesagt, dass (24) *„Web Service are too solution specific to be part of a reference model."*

Ein weiterer Aspekt der SOA ist die Möglichkeit der Wiederauffindbarkeit (vgl. 3.3.4) von Services, was in der konkreten Umsetzung der Web Services durch einen Verzeichnisdienst mit dem Namen Universal Description, Discovery and Integration (UDDI) ermöglicht wird.

In Web Services orientiert sich die Kreation neuer Anwendungen an den entsprechenden Geschäftsprozessen. Durch die Komposition eines neuen Web Services, also der Verknüpfung verschiedener Web Services zu einer neuen in sich geschlossenen Anwendung, können Teilprobleme in einer größeren Klasse zu einem neuen Prozess zusammengefasst werden. Die Teilaufgaben werden dann, wie im SOA Paradigma beschrieben, an die einzelnen spezialisierten Web Services deligiert.

2.2 Konzepte

2.2.1 Service

In (25) wird Service definiert als *"the action of helping or doing work for someone"*.

Nach (24) sind es auch die folgenden Eigenschaften, die mit dem Begriff in Verbindung gebracht werden:

• Die Fähigkeit für jemand anders eine Arbeit durchzuführen

• Die Spezifikation der Arbeit für andere anzubieten

• Das Angebot für andere eine Arbeit durchzuführen

In (24) heißt es: *„In SOA, services are the mechanism by which needs and capabilities are brought together.",* etwas genauer wird Service etwas später beschrieben als *„A service is a mechanism to enable access to one or more capabilities, where the access is provided using a prescribed interface and is exercised consistent with constraints and policies as specified by the service description.".*

Ein Service wird von einem Service Anbieter (Service Provider) im Regelfall für einen Service Konsumenten (Service Consumer) angeboten. Die Implementierung bleibt typischerweise vor dem Service Konsumenten verborgen, bis auf die Informationen und das Verhalten, die über die Service Schnittstelle (Service Interface) angeboten werden. Die Konsequenz eines Aufrufs (invocation) ist die Realisierung eines oder mehrerer „Real World Effects", die durch die gesendete Information als Antwort zur Anfrage oder einer Änderung bereits bestehender Informationen charakterisiert wird. (24, Zeilen 303-317)

2.2.1.1   Service-Beschreibung (service description)

Die Beschreibung beinhaltet die Informationen, die benötigt werden, um einen Service zu bedienen. Es gibt hierbei keine Standards, wie eine „richtige" Beschreibung zu erfolgen hat, denn dies hängt von verschiedenen Faktoren ab wie z.B. dem eingebundenen Kontext und den Akteuren, die mit dem Service arbeiten.

Die Beschreibung soll die Interaktion und die Funktionalität des Service erklären, so können Konsumenten bei einer sehr detaillierten Beschreibung abwägen, ob der Service ihren Anforderungen entspricht und ggf. nach alternativen Angeboten suchen.

2.2.1.2   Service-Schnittstelle (service interface)

Mit Hilfe der Service-Schnittstelle wird festgelegt, wie die Interaktion mit dem Service erfolgen kann. Die Schnittstelle beinhaltet eine Spezifikation über eingesetzte Protokolle und Kommandos. Zusätzlich gibt die Spezifikation Aufschluss über Informationen, die ausgetauscht werden können und mögliche „Real World Effekte", die durch bestimmte Aktionen ausgelöst werden.

2.2.1.3   Service-Verfügbarkeit (service reachability)

Verfügbarkeit ergibt sich laut (24) aus einer Beziehung zwschen Service Anbieter und Service Konsument. Hierzu gehört eine hinreichende Service Beschreibung durch den Anbieter, in der beschrieben wird, wie der Service erfolgreich ausgeführt werden kann. Hierzu können Metaangaben über Standort, unterstützte und benötigte Protokolle sinnvoll sein. Zusätzlich sollten dynamische Informationen des Service Anbieters die Verfügbarkeit anzeigen (z.B. nicht verfügbar durch Wartung o.ä.). Wenn eine solche Kommunikation nicht existieren würde, würde der Konsument lediglich feststellen, das der Dienst nicht erreichbar ist. Laut (24) ist der Service dann nicht sichtbar für den Konsumenten.

Die Verfügbarkeit ist eine notwendige Vorbedingung für die Interaktion, sowohl Konsument als auch Anbieter müssen in der Lage sein, miteinander zu kommunizieren.

2.2.1.4   Service-Funktionalität (service functionality)

In der Service-Funktionalität wird wie in der Service-Beschreibung eine für den Menschen lesbare Beschreibung angeboten. Mögliche Bestandteile sind z.B. technische Voraussetzungen für den Einsatz des Services. Darüber hinaus können aber auch Limitierungen oder Anforderungen für die Ausführung definiert werden (so kann ein Service für den Bezug von Bargeld durch die in der Funktionalität definierte Festlegung einen Bezug von Geld verhindern, wenn der Konsument z.B. mehr Geld abheben möchte, als für einen Tag zulässig ist.)

2.2.1.5   Service-Richtlinien (service policy)

In den Richtlinien werden Angaben zu den Bereichen Sicherheit, Privatsphäre, Servicequalität, Öffnungszeiten usw. gemacht. Diese Richtlinien sollte vom Service Anbieter geschrieben werden, der den Service veröffentlichen. Eine mögliche Richtlinie ist z.B. die Erklärung, dass alle Nachrichten verschlüsselt werden.

3   Web Services

3.1   Grundlagen

3.1.1   Entstehung

Ende des Jahres 2000 tauchte ein neuer Modebegriff in der Softwareindustrie und der entsprechenden Presse auf, der (wie bei Corba oder anderen Technologien) die Lösung aller Integrationsprobleme versprach, der Begriff der „Web Services".

3.1.2   Definition

Der Begriff Web Services fällt heutzutage immer häufiger auf Webseiten von Dienstanbietern oder auch in Produktpräsentationen, ohne das dem interessierten Leser immer direkt klar ist, was sich im Detail dahinter verbirgt. So existieren Definitionen wie *„Web Services sind Softwarebausteine, die Programme, die auf unterschiedlichen Netzwerkrechnern laufen, über das Internet zu einer Anwendung miteinander verknüpfen."* (26). Derartige, allgemein gehaltene Beschreibungen lassen ausreichenden Interpretationsspielraum, dass die Implementierung beliebig sein kann und so z.B. auch ein CGI-Script oder ein Online-Formular als Web Service Anwendung findet. In dieser Seminararbeit verwenden wir die Definition des W3C Konsortiums:

> „A Web Service is a software system designed to support interoperable machine-to-machine interaction over a network. It has an interface described in a machine-processable format (specifically WSDL). Other systems interact with the Web service in a manner prescribed by its description using SOAP messages, typically conveyed using HTTP with an XML serialization in conjunction with other Web-related standards." (27)

3.2 Protokollstapel

Die folgende Grafik zeigt eine mögliche Darstellungsweise des Protokollstacks von Web Services. Auf der Grafik sind sieben Ebenen zu sehen, die von unten nach oben gelesen werden.

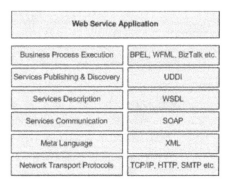

Abbildung 3-1 Web Service Application Protocol Stack
Quelle: (28)

Diese sieben Ebenen werden nun in drei unterschiedliche Bereiche untergliedert (29), die wir kurz erwähnen wollen. Eine technische Spezifikation der Standards SOAP, WSDL und UDDI erfolgt in diesem Kapitel.

3.2.1.1 Bereich 1: Die Standards

Dieser Bereich besteht aus den Ebenen 1 und 2, den Netzwerk Transport Protokollen und der Meta Sprache XML. Beide Layer beinhalten wohldefinierte und akzeptierte Standards und Protokolle, die übergreifend im Internet genutzt werden (wie z.B. http oder XML).

3.2.1.2 Bereich 2: Entwickelnde Standards

In diesem Bereich werden die Ebenen 3, 4 und 5 angesprochen und beschreiben somit die in verschiedenen Literatur-Quellen als Standards für die Implementierung von Web Services definierte Standards, Protokolle und Technologien SOAP, WSDL und UDDI. Das Zusammenspiel wird im Publish-Discover-Bind-Model (3.3.1.1) näher beschrieben.

3.2.1.3 Bereich 3: Neu entstehende Standards

Das obere Level beschreibt vorgeschlagene Standards großer Firmen wie Microsoft oder IBM. Die hier beschriebenen neuen Konzepte sind z.T. weniger gut dokumentiert.

3.3 Technologie

Viele heute im Einsatz befindliche Web Service-Architekturen zeichnen sich durch die drei Merkmale *ANBIETER* (service provider), *KONSUMENT* (service requester) und *VERZEICHNIS* (service registry) aus. Mit diesen Informationen lassen sich bereits die minimalen Anforderungen ableiten, die für die Implementierung von Web Services in einer Infrastruktur erforderlich sind: einen Weg zu kommunizieren (SOAP), eine Möglichkeit, Services zu beschreiben (WSDL) und diese im Anschluss bekannt zu machen (UDDI). Folgende Standards bilden so das Herzstück der Web Service-Architektur (30):

- Simple Object Access Protocol (SOAP) ist ein Kommunikationsprotokoll für Web Services, dessen Hauptaufgabe darin liegt, einen standardisierten Weg für die Kodierung verschiedener Protokolle und Interaktionen mit Hilfe von XML Dokumenten anzubieten. Diese können dann unkompliziert über das Internet ausgetauscht werden.

- Web Service Description Language (WSDL) dient der Spezifikation des Web Services mit seinen öffentlich zur Verfügung stehenden Methoden, Daten und Datentypen, Schnittstellenbeschreibungen und angebotenen Kommunikationsprotokollen im XML-Format.

- Universal Description Discovery and Integration (UDDI) wird von Anbietern eingesetzt, um Services öffentlich in einem Verzeichnis anzumelden und so zu veröffentlichen. Konsumenten nutzen diese Schnittstelle für die Suche nach konkret benötigten Services.

In diesem Kapitel wollen wir die Bausteine im Detail spezifizieren und die Zusammenhänge der Elemente beschreiben. Hierfür gehen wir im ersten Schritt auf die minimale Infrastruktur (3.3.1) für Web Services ein und diskutieren anschließend das Netzwerkprotokoll SOAP (3.3.2) zur Übertragung von Nachrichten. Mit der Spezifikation der Beschreibungssprache WSDL (3.3.3) und dem Verzeichnisdienst UDDI (3.3.4) schließen wir das Kapitel ab.

3.3.1 Infrastruktur

Die Infrastruktur von Web Services lässt sich wie folgt beschreiben. Im ersten Schritt ist es notwendig, eine geläufige Syntax anzuwenden, die für alle Spezifikationen Anwendung finden kann. Mit der Auszeichnungssprache XML (Extensible Markup Language) werden diese Anforderungen erfüllt, denn damit ist die Darstellung hierarchisch strukturierter Datensätze in Form von Textdaten möglich. Außerdem kann XML plattformübergreifend eingesetzt werden.

Im nächsten Schritt sind Mechanismen erforderlich, damit Remote-Anwendungen untereinander interagieren können. Hierunter fallen ein geläufiges Datenformat für die auszutauschenden Nachrichten, eine Vereinbarung über erlaubte Interaktionen, spezifiziert über ein Protokoll und Definitionen für den Nachrichtenaustausch über verschiedene Transportprotokolle. Für diesen Einsatzzweck wurde das Netzwerkprotokoll SOAP entwickelt, um Dokumente (im Format XML) von einer Quelle zu einem Ziel zu transportieren. Es nutzt das XML-Format zur Repräsentation der Daten und erlaubt die Durchführung von entfernten Prozeduraufrufen. Die Verbindung kann über die Protokolle TCP/IP (Transission Control Protocol, Internet Protocol), HTTP oder SMTP (Simple Mail Transport Protocol) erfolgen. Ein Web Service sendet oder empfängt SOAP-Nachrichten und führt abhängig von der Spezifikation eine Folgeaktion aus (z.B. sendet ein Konsument eine SOAP-Nachricht an den Anbieter und wünscht Auskunft über die Verfügbarkeit eines Produktes. Diese Anfrage wird vom Web Service verarbeitet und die Antwort mit Hilfe einer SOAP-Nachricht an den Empfänger quittiert).

Damit ein Web Service auch genutzt werden kann, ist eine Beschreibung der SCHNITTSTELLE (interface) notwendig, nur so können später Aufrufe ausgelöst werden. Mit Hilfe der Metasprache WSDL werden angebotene Funktionen mit möglichen Parameterbelegungen, Daten, Datentypen und Austauschprotokolle eines Web Services beschrieben, die Syntax ist hierbei XML.

Nachdem die Web Services definiert sind und aufgerufen werden können, fehlt in der Infrastruktur noch ein Verzeichnisdienst. Über diesen können interessierte Anwender oder auch Software-Anwendungen (für die dynamische Erkennung) nach Web Services suchen, die sie benötigen, und Informationen dazu anzeigen lassen. Um einen übergreifenden und global skalierbaren Zugriff auf Web Services zu ermöglichen, bietet sich die Standardisierung des Directories an, was mit Hilfe des UDDI Projektes und den damit zur Verfügung gestellten Schnittstellen ermöglicht wird. (30)

3.3.1.1   Publish-Discover-Bind-Model

Die in der Infrastruktur genannten Elemente sollen nun noch kurz in Relation zueinander gesetzt werden. Ein Anbieter erstellt für seinen Web Service eine WSDL-Datei und veröffentlicht (publish) diese bei einem UDDI-Verzeichnis. Ein Konsument (oder besser eine Software Applikation) kann nun diesen Web Service auffinden und das damit assoziierte WSDL-Dokument abrufen. Durch die im WDSL-Dokument gegebene Spezifikation kann der Konsument nun eine SOAP Nachricht generieren und an den Anbieter senden. Der Anbieter verarbeitet diese Nachricht und quittiert ggf. mit einer SOAP Nachricht als Antwort. (31)

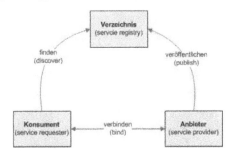

Abbildung 3-2 Publish-Discover-Bind-Model

Quelle: (31)

3.3.2   SOAP: Simple Object Access Protocol

Zum Zeitpunkt dieser Arbeit liegt SOAP in der Version 1.2 vor.

3.3.2.1   Entstehung

Der SOAP-Vorläufer XML-RPC wurde 1998 von Dave Winner und Microsoft in der Programmiersprache UserLand Frontier v5.1 implementiert und diente dem entfernten Methodenaufruf über verteilte Systeme. Hierbei kam HTTP als Übertragungsprotokoll zum Einsatz, die Funktionsaufrufe waren XML-codiert. Ende 1999 wurde SOAP in der Version 0.9 als Weiterentwicklung veröffentlicht. SOAP stand zu diesem Zeitpunkt als Akronym für Simple Object Access Protocol. Die Firma IBM schloss sich der Weiterentwicklung von SOAP ab der Version 1.0 an. Später vergrößerte sich der Entwicklerkreis, so das sich IBM, Microsoft, DevelopMentor und UserLand Software an der Spezifikation von SOAP 1.1 beteiligten, die nach Fertigstellung beim W3C Konsortium eingereicht wurde. Eine Besonderheit war u.a. die Erweiterung des Transportprotokollspektrums, da die Umsetzung bis zu diesem Zeitpunkt vollständig auf HTTP basierte. Im Juni 2003 entstand aus einer gemeinschaftlichen Arbeit der Firmen Canon, IBM, Microsoft und Sun die Version

1.2 des Netzwerkprotokolls, die seither den Status einer W3C-Empfehlung ge-
nießt. (32) (30)

3.3.2.2 Definition

In der offiziellen Definition des W3C Konsortiums (33) wird SOAP wie folgt definiert:

> „SOAP Version 1.2 (SOAP) is a lightweight protocol intended for exchanging structured
> information in a decentralized, distributed environment. It uses XML technologies to
> define an extensible messaging framework providing a message construct that can be
> exchanged over a variety of underlying protocols. The framework has been designed to
> be independent of any particular programming model and other implementation specif-
> ic semantics." (33; 34)

3.3.2.3 Datenstruktur

Bei SOAP werden Informationen mithilfe von Nachrichten ausgetauscht. Eine
SOAP-Nachricht verwendet zur Repräsentation der Daten die Auszeichnungssprache XML. Die Spezifikation sieht hierbei drei Sets von Tags vor, die zusammen
die SOAP-Nachricht ergeben: Im sogenannten *ENVELOPE* schließt die Applikation
alle Informationen ein, die versendet werden sollen. Im Envelope werden der
(optionale) *HEADER* und *BODY* verpackt, welche wiederum aus weiteren Header
oder Body Blöcken als Subelemente bestehen.

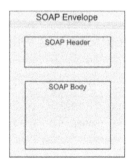

Abbildung 3-3 Aufbau einer SOAP-Nachricht

Envelope

Ein SOAP Envelope-Element bildet die Wurzel des XML-Dokumentes und enthält
die eigentliche Nachricht als „Briefumschlag". Der Aufbau ist wie folgt:

- Einem lokalen Namen für `Envelope`

- Einer Referenz auf den Namensraum HTTP://www.w3.org/2003/05/soap-
  envelope (definiert durch das Attribut `xmlns`)

- Null-Namensraum oder weiterem Namensraum-qualifizierten Attribut Informationen

- Ein oder zwei Elementen und den dazugehörigen Kindelementen in folgender Reihenfolge:

    o Einem optionalen Header-Element für die Speicherung zusätzlicher Meta-Informationen

    o Einem obligatorischem Body-Element, in dem die Nutzlast gespeichert wird

Durch die im folgenden Beispiel deklarierte Referenz auf den Namensraum wird festgelegt, das es sich hierbei um die SOAP-Spezifikation Version 1.2 handelt. Zusätzlich bindet die URI (Uniform Resource Identifier) den Namespace auf alle Elemente im XML-Dokument mit dem Präfix „env".

```
<env:Envelope xmlns:env="HTTP://www.w3.org/2003/05/soap-enve-
lope">
    <env:Header>
    </env:Header>
    <env:Body>
    </env:Body>
</env:Envelope>
```

Abbildung 3-4 Aufbau eines SOAP-Envelopes

Quelle: (33)

Header

Der Header ist das erste Element des Envelopes. Alle zusätzlichen Informationen, die neben den eigentlichen Nutzdaten für den Nachrichtenaustausch erforderlich sind, werden im Header gespeichert. Dies umfasst Informationen zum Routing oder möglichen Spezifikationen zur Verschlüsselung. Ferner können hier auch Elemente zur Transaktionsidentifizierung genannt werden. Eine SOAP-Nachricht kann neben der direkten Zustellung von Sender zu Empfänger auch über mehrere *ZWISCHENSTATIONEN* (intermediaries) ihr Ziel erreichen. Im zweiten Falle müssen diese Stationen den Header lesen und verarbeiten können. Um bestimmen zu können, wie die Verarbeitung des Headers erfolgen soll, können für jedes Element weitere Attribute definiert werden (role, mustUnderstand, relay).

Der Haader ist wie folgt aufgebaut:

- Einem lokalen Namen für Header

- Einer Referenz auf den Namensraum HTTP://www.w3.org/2003/05/soap-envelope

- Der Angabe des (optionalen) booleschen Attributs mustUnderstand, welches angibt, ob die Verarbeitung des Header-Blocks durch die Zwischenstation erforderlich oder optional ist. Sofern der Empfänger die Nachricht nicht versteht, muss er sie ablehnen.

- Der Angabe des (optionalen) booleschen Attributs relay, welches seit der Version 1.2 verfügbar ist und angibt, ob ein an eine SOAP-Zwischenstation gerichteter Header-Block weitergeleitet werden muss, sofern er nicht verarbeitet wurde.

- Der Angabe des Attributs role, welches angibt, welcher Vermittler oder Empfänger das Header-Element verarbeiten darf. Mögliche standardisierte Rollen sind hierbei none, next oder ultimateReceiver.

Aufgrund der hierarchischen Organisation von XML-Dokumenten sollte die Reihenfolge der hier genannten Elemente eingehalten werden. Bei Verschiebungen von Elementen zwischen zwei Hierarchiestufen (z.B. Tag Transaction nicht unterhalb des Knotens Header) ist das Dokument semantisch nicht mehr korrekt.

```
<env:Header xmlns:env="HTTP://www.w3.org/2003/05/soap-
envelope">
    <t:Transaction xmlns:t="HTTP://example.org/2001/06/tx`
    env:role="HTTP://www.w3.org/2003/05/soap-
envelope/role/next`
    env:mustUnderstand="true` >
        unique reference id (Transaktionsidentifizierung)
    </t:Transaction>
</env:Header>
```

Abbildung 3-5 Aufbau eines SOAP-Headers

Quelle: (33)

Body

Jede SOAP-Nachricht besteht aus einem Body-Tag. Über dieses Element wird die *NUTZLAST* (Payload) an den *ENTSCHEIDENDEN SOAP EMPFÄNGER* (ultimate Receiver) übermittelt. Der Inhalt muss als wohlgeformtes XML-Dokument vorliegen, die Struktur wird hierbei zwischen den Kommunikationspartnern direkt vereinbart und ist nicht näher spezifiziert. Der Aufbau ist wie folgt:

- Einem lokalen Namen für Body

- Einer Referenz auf den Namensraum HTTP://www.w3.org/2003/05/soap-envelope

- Null oder weiteren Namensraum-qualifizierten Attribut-Informationen

- Einem optionalen Element `Fault` für die Verwendung von Fehlerinformationen in der SOAP-Nachricht bestehend aus:

    o Einem lokalen Namen für `Fault`, der SOAP-Fehlerbehandlung

    o Einer   Referenz   auf   den   Namensraum
       HTTP://www.w3.org/2003/05/soap-envelope

    o Zwei oder mehreren Kind-Elemente mit den Eigenschaften:

        ▪ `Code` Element (obligatorisch)

        ▪ `Reason` Element (obligatorisch) als textuelle Beschreibung des aufgetretenen Fehlers

        ▪ `Node` Element (optional) als Angabe darüber, an welcher Stelle der Kommunikation der Fehler aufgetreten ist

        ▪ `Role` Element (optional) beschreibt die Rolle des Knotens, bei dem der Fehler aufgetreten ist

        ▪ `Detail` Element (optional) enthält weitere Infos zum aufgetretenen Fehler

- Einem oder mehreren Body-Einträgen als Parameter der Request-/ Reply-Nachricht

Aufgrund der hierarchischen Organisation von XML-Dokumenten sollte die Reihenfolge der hier genannten Elemente eingehalten werden. Bei Verschiebungen von Elementen zwischen zwei Hierarchiestufen (z.B. Tag Fault nicht unterhalb des Knotens Body) ist das Dokument semantisch nicht mehr korrekt. Tags innerhalb der Ebene Fault können z.B. auch in alternativer Reihenfolge ausgegeben werden. So kann vor Angabe des Tags Code erst Reason genannt werden.

```
<env:Body>
    <env:Fault>
        <env:Code>
        <env:Value>env:Sender</env:Value>
            <env:Subcode>
                <env:Value>m:MessageTimeout</env:Value>
            </env:Subcode>
        </env:Code>
        <env:Reason>
            <env:Text xml:lang="en">Sender Timeout</env:Text>
        </env:Reason>
```

```
    <env:Detail>

        <m:MaxTime>P5M</m:MaxTime>

    </env:Detail>

</env:Fault>

<t:Transaction xmlns:t="HTTP://www.w3.org/2003/05/soap- en-
velope">

    <t:msg>

        payload

    </t:msg>

</t:Transaction>

</env:Body>
```

Abbildung 3-6 Aufbau eines SOAP-Body

Quelle: (33)

3.3.3   WSDL: Web Services Description Language

In dieser Seminararbeit beschreiben wir WSDL in der Version 1.1 (vom 15. März 2001). Die Spezifikation in dieser Version wird von vielen Service Anbietern weiterhin als Standard eingesetzt. Am 26. Juni 2007 veröffentlichte das W3C-Konsortium Version 2.0 (ursprünglich war 1.2) der Beschreibungssprache. An dieser Stelle sollen die Unterschiede zwischen den zwei Versionen kurz dargelegt werden: (63)

• PortTypes wurde zu Interfaces umbenannt.

• Definitions wurde zu Description umbenannt.

• Port wurde zu Endpoints umbenannt.

• Das Message Element wurde entfernt.

3.3.3.1   Entstehung

WSDL wurde ursprünglich von den Firmen Ariba, Microsoft und IBM entwickelt, um die bis dahin vorgeschlagenen Entwicklungen Microsoft SOAP Contract Language (SCL), Microsoft Service Description Language (SDL) und IBM Network Accessible Service Specification Language (NASSL) in einem neuen Standard zu fusionieren. (30) WSDL wird seit der Version 1.1 vom 15. März 2001 vom W3C Konsortium verwaltet. Am 26. Juni 2007 wurde WSDL in der Version 2.0 veröffentlicht.

3.3.3.2   Definition

WSDL ist eine plattform- und programmiersprachenunabhängige Beschreibungssprache, mit deren Hilfe Daten, Datentypen, eingesetzte Protokolle, die möglichen Operationen mit Parametern und Rückgabewerten beschrieben werden. Es

verwendet standardmäßig die einfachen Datentypen aus der Schemabeschrei-
bung XSD (XML Schema Definitions). WSDL dient dazu, alle notwendigen Informationen wie die Beschreibung des Web Services und deren Schnittstelle in einem maschinenlesbaren Format bereitzustellen. Das W3C Konsortium beschreibt
WSDL in der technischen Spezifikation wie folgt:

> "WSDL is an XML format for describing network services as a set of endpoints operat-
> ing on messages containing either document-oriented or procedure-oriented informa-
> tion. The operations and messages are described abstractly, and then bound to a con-
> crete network protocol and message format to define an endpoint. Related concrete
> endpoints are combined into abstract endpoints (services). WSDL is extensible to allow
> description of endpoints and their messages regardless of what message formats or
> network protocols are used to communicate." (35)

3.3.3.3   Datenstruktur

Wie bereits in (3.3.3.2) beschrieben, erfolgt die WSDL-Beschreibung wie auch
alle anderen Web Service Standards im XML-Format. In verschiedenen Doku-
mentationen zur Spezifikation von WSDL (30) (36) wird ein *ABSTRAKTER TEIL*
(abstract part) und ein *KONKRETER TEIL* (conrete part) definiert. Bei den abstrakten Definitionen werden Typen, Nachrichten sowie Sende- und Empfangs-
operationen definiert. In der konkreten Definition werden den im abstrakten Teil
gemachten Konfigurationen Bindungen und Netzwerkadressen zugeordnet. Die in
der WSDL-Spezifikation definierten Elemente wollen wir nun kurz aufzählen (36).

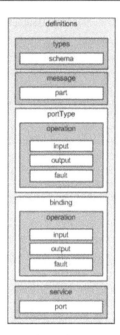

Abbildung 3-7 Struktur eines WSDL-Dokuments

Wurzelelement

- definitions ist das Wurzelelement des WSDL-Dokumentes. In ihm werden die verschiedenen Namensräume definiert und über das Attribut name wird der Name des Web Services angegeben. Es beinhaltet alle im abstrakten und konkreten Teil angegebenen Elemente.

- Mit dem Element import können innerhalb eines WSDL-Dokumentes andere WSDL-Dokumente und XML-Schema-Definitionen eingebunden werden.

- Das Element documenation dient der Dokumentation bzw. Kommentierung der jeweiligen Definitionen.

```
<?xml version="1.0"?>
<definitions name="LWHello"
    targetNamespace="HTTP://lw.com/auth"
    xmlns:tns="HTTP://lw.com/auth"
    xmlns:xsdl="HTTP://lw.com/auth/schema"
    xmlns:SOAP="HTTP://schemas.xmlsoap.org/wsdl/soap/"
    xmlns ="HTTP://schemas.xmlSOAP.org/wsdl/">

    <import namespace="HTTP://lw.com/auth/schema"
```

```
      location="HTTP://lw.com/auth.xsd" />

      <documentation>
         Dies ist ein Kommentar
      </documentation>
   </definitions>
```

Abbildung 3-8 WSDL-Wurzelelement

Quelle: (36)

Abstract Part

- Mit Hilfe des Elements `types` erfolgt die Definition von Datentypen. Hierbei
  können neben den grundlegenden atomaren Datentypen, die über XSD-
  Schemata bereitgestellt werden, neue komplexe Datentypen erzeugt werden, die für den Austausch der Nachrichten zwischen den Partnern genutzt
  werden.

- Im Element `message` erfolgt die abstrakte Definition der Daten, die in den
  Operationen des Web Services ausgetauscht werden. Jede Nachricht benötigt einen eindeutigen Namen, welcher durch das `name`-Attribut vergeben
  wird. Eine Nachricht besteht aus einer oder mehreren Part-Nachrichten,
  die den jeweiligen Datentypen spezifizieren:

  o Das Element `part` referenziert mit dem Attribut `element` auf einen
    Datentyp, welcher zuvor in einem `types`-Element deklariert wurde.

  o Bei Einsatz des Attributs `type` wird der einfache oder komplexe
    Datentyp aus dem XSD-Schema heraus definiert.

  o Mit dem Attribut `name` erfolgt die Vergabe eines eindeutigen Na-
    mens.

- `portType`-Elemente enthalten `operation`-Elemente, die Nachrichten vom
  Typ `input`, `output` oder `fault` beinhalten. Auch diese werden wie Nachrichten mit einem `name`-Attribut identifiziert. Aus der gemachten Konfigu-
  ration entstehen so vier verschiedene primitive Nachrichtentypen:

  o *One-Way*: der Web Service empfängt nur eine Nachricht von der
    Client Anwendung, es ist also lediglich eine input-Operation vor-
    handen.

  o *Request-Response*: der Client sendet eine Nachricht und erhält
    eine damit in Beziehung stehende Antwort vom Web Service, es ist
    eine input- und eine output-Operation definiert.

o *Solicit-Response*: der Web Service sendet eine Nachricht aus, auf die er eine Antwort vom Client erhält, hier werden also eine output- und eine input-Operation definiert.

o *Notification*: in diesem Szenario sendet der Web Service eine Nachricht an den Client aus, es wird also lediglich eine output-Operation definiert.

```
<?xml version="1.0"?>
<definitions ...>
    <types>
        <schema tns="HTTP://lw.com/auth/schema"
            xmlns="HTTP://www.w3.org/2000/10/XMLSchema">
            <element name="LWHelloAuth"
                type="tns:LWAuthType"/>
                <complexType name="LWAuthType">
                    <all>
                        <element name="user" type="string">
                        <element name="password" type="string">
                    </all>
                </complexType>
            </element>
        </schema>
    </types>
    <message name="SayHelloLoginRequest">
        <part name="user" type"xsd:string"/>
        <part name="password" type"xsd:string"/>
    </message>
    <message name="SayHelloLoginResponse">
        <part name="authInfo" type="tns:LWAuthType"/>
    </message>
    <portType name="Beispiel">
        <operation name="Funktion1">
            <input name="InputFunc1" message="Message1"/>
            <output name="OutputFunc1" message="Message2"/>
            <fault name="FaultFunc1" message="Fault1"/>
        </operation>
    </portType>
    <binding ...>
    </binding>
    <service ...>
    </service>
```

`</definitions>`

Abbildung 3-9 WSDL abstract part

Quelle: (36)

Concrete Part

- Mit dem Element `port` wird jedes binding-Element genau einer Netzwerk-
adresse zugeordnet, wobei bei möglicher Verwendung mehrerer Netzwerkadressen weitere `port`-Elemente angegeben werden können.

- Das `service`-Element fasst alle port-Elemente zu einer Gruppe zusammen.

- Mit Hilfe des Elements `binding` erfolgt die Bindung an ein Nachrichtenfor-
mat und an ein Protokoll. Konkrete Bindings werden im WSDL-Standard
für SOAP, HTTP. Get/ Post und MIME definiert.

- `bindings` werden anhand des name-Attributs identifiziert.

- Mit Hilfe des `type`-Attributs wird eine Referenz zu einem `portType` herge-
stellt werden.

- `bindings` sind erweiterbar und erlauben die Anbindung an andere Protokolle, wobei an dieser Stelle die SOAP-Anbindung beschrieben werden soll:

    o `soap:binding` gibt an, das die Anbindung an das SOAP-Protokoll
    erfolgt, wobei folgende Attribute angegeben werden müssen:

        ▪ `transport` definiert, an welches Transportprotokoll ange-
        bunden wird. Bei http ist dies z.B. `HTTP://schemas.xml-`
        `soap.org/soap/HTTP`

        ▪ `style` kann die Werte „rpc" (Parameter und Rückgabewer-
        te) oder „document" (Nachricht enthält Dokumente) anneh-
        men

    o `soap:operation` beschreibt eine vollständige Operation, wobei
    mehrere Konfigurationen innerhalb eines Bindings definiert sein
    können. Es verfügt über folgende Attribute:

        ▪ `style` kann die Werte „rpc" oder „document" annehmen

        ▪ `soapACTION` darf nur bei Einsatz des HTTP-Protokolls zum
        Einsatz kommen und bezeichnet den Wert, der im HTTP-
        Header einer SOAP-Nachricht übergeben wird.

    o `soap:body` gibt an, wie die Teile einer abstrakten WSDL-Nachricht
    innerhalb des SOAP-Body aussehen. Es können folgende Attribute
    gesetzt werden:

- `use` steuert, ob die Nachrichtenteile nach bestimmten Kodierungsvorschriften (encoded) oder unkodiert (literal) vorliegen

- `namespace` gibt einen Namensraum für die innerhalb des
  Body erfolgten Definitionen an

- `encodingStyle` definiert die Kodierungsvorschriften, wobei
  eine oder mehrere URIs genannt werden können.

  o `soap:header` beeinflusst den Header der SOAP-Nachricht, um z.B.
     eine Transaktions-ID o.ä. einzufügen. Die Attribute sind die sel-
     ben, die bereits im `soap:body` definiert wurden, zusätzlich gibt es
     jedoch noch das Attribut `message`.

  o `soap:address` spezifiziert die Adresse des Ports.

     - Über das Attribut `location` wird die genaue Adresse spezif-
       ziert

```
<?xml version="1.0"?>
<definitions ...>
    <types>
    </types>
    <message ...>
    </message>
    <portType ...>
    </portType>
    <binding name="port2" type="ptr1">
        <HTTP:binding verb="get"/>
        <operation name="o1">
            <HTTP:operation location="o1"/>
            <input>
                <HTTP:urlEncoded/>
            </input>
            <output>
                <mime:content type="image/gif"/>
            </output>
        </operation>
    </binding>

    <service name="LWHello">
        <port name="LWHelloSOAP" binding="tns:LWHello">
```

```
        <SOAP:address location="HTTP://localhost:8080"/>
    </port>
    <port name="LWHelloHTTP" binding="tns:LWHello">
        <SOAP:address location="HTTP://lw.com/LWHello"/>
    </port>
    </service>
</definitions>
```

Abbildung 3-10 WSDL concrete part

Quelle: (36)

3.3.3.4 Abgrenzung zur Interface Definition Language (IDL)

Bei der IDL (Interface Definition Language) handelt es sich um eine deklarative Schnittstellenbeschreibungssprache des Standardisierungskonsortium OMG, bei der mögliche Parameter und Datentypen beschrieben werden, ohne eine bestimmte Programmiersprache zu verwenden. Der Schwerpunkt liegt auf der Beschreibung des Interfaces und nicht in der Formulierung von konkreten Algorithmen.

Im Gegensatz zu IDL müssen die Operationen, die durch einen Web Service angeboten werden, spezifiziert werden. Zusätzlich ist die Angabe von Mechanismen erforderlich, wie der Web Service erreicht und aufgerufen werden kann. In IDL werden nur Beschreibung des Service Interface in Hinblick auf Service Name, sowie Eingabe- und Ausgabe-Parameter beschrieben. Weitere benötigte Informationen sind implizit und werden von der Middleware-Plattform bezogen. Die Mechanismen für den Zugriff sind über alle Services gleich. Im Gegensatz hierzu stehen die Web Services, bei denen ein Zugriff unter Verwendung von unterschiedlichen Protokollen möglich ist, eine Definition ist aus diesem Grunde unbedingt notwendig. Des Weiteren sind bei Web Services Angaben über den Ort zu machen, wo der Service erreichbar ist. In herkömmlichen Middleware-Lösungen erfolgt die Registrierung an zentraler Stelle. (30)

3.3.4 UDDI: Universal Description Discovery and Integration

Zum Zeitpunkt dieser Arbeit liegt UDDI in der Version 3.0.2 vor.

3.3.4.1 Entstehung

Die ersten Spezifikationen zu UDDI entstanden unter Zusammenarbeit zwischen den Firmen Ariba, Microsoft und IBM. Mit Erscheinen der Version 1 im September 2000 wurde auch die Organisation „UDDI.org" gegründet, die als Registrierungsstelle für internetbasierte Business-Services verantwortlich ist. Im Juni 2001

wurde die Version 2 veröffentlicht. Die Spezifikationen wurden mehr auf die immer größer werdende Anzahl von Web Services ausgerichtet, des Weiteren wurden Konzepte für eine flexiblere Klassifizierung bereitgestellt. Mit Erscheinen der
Version 3 im Juli 2002 wurde das Projekt an die unabhängige Standardisierungs-
organisation OASIS übergeben, die seitdem für die Spezifikation und Weiterentwicklung verantwortlich ist. Bis heute beteiligen sich über 300 große Firmen an
diesem Standard und nutzen UDDI zur Bekanntmachung ihrer Web Services. Unter den aufgelisteten Firmen finden wir Namen wir Ariba, Compaq, HP, Fujitsu,
Microsoft, Oracle, SAP, Sun und Verisign. (37)

3.3.4.2   Definition

Das Universal Description Disovery and Integration-Protokoll ist ein zentrales
Element der Web Service-Architektur. Die Spezifikation beinhaltet universelle Beschreibungen für das Entdecken und die Integration netzwerkbasierter Software-
komponenten und bietet so die Möglichkeit, Dienste dynamisch auffindbar und
durch bereitgestellte Schnittstellenbeschreibungen auch ausführbar zu machen
(38). OASIS beschreibt die Schlüsselkonzepte von UDDI wie folgt:

> „UDDI describes a registry of Web services and programmatic interfaces for publishing,
> retrieving, and managing information about services described therein. In fact, UDDI
> itself is of set a Web services! The UDDI specification defines services that support the
> description and discovery of (1) businesses, organizations, and other Web services
> providers, (2) the Web services they make available, and (3) the technical interfaces
> which may be used to access and manage those services. UDDI is based upon several
> other established industry standards, including HTTP, XML, XML Schema (XSD), SOAP
> and WSDL." (39)

3.3.4.3   Datenstruktur

Die Kerninformationen des UDDI Datenmodells sind über verschiedene XML
Schemata definiert. Hiermit können Informationen zum Unternehmen und zu
den Services verfügbar gemacht werden. Darüber hinaus werden Möglichkeiten
bereitgestellt, Schnittstellen der Elemente z.B. technisch zu beschreiben. Wie bereits in (3.3.1) erwähnt, wird hierfür XML verwendet, da es einen plattform-neu-
tralen Blick auf die Daten gibt und hierarchische Beziehungen dargestellt werden
können. Die folgenden fünf Hauptbestandteile bilden so die Datenstrukturen für
UDDI:

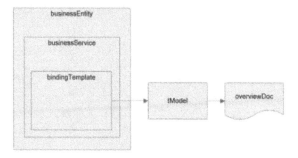

Abbildung 3-11 UDDI Struktur

Quelle: (30)

businessEntity

Bei dem businessEntity handelt es sich um das Wurzelobjekt. Es hält eine Struktur bereit, mit der ein Anbieter von Web Services und die technischen Informationen der Dienste beschrieben werden können. Die Struktur ermöglicht die Angabe von Firmenname und Angaben zu Kontaktmöglichkeiten, Ansprechpartnern, Kategorisierungen und eindeutigen Schlüsseln zur Erkennung des Anbieters. Diese eindeutigen Schlüssel sind vom Datentyp *UUID* (Universally Unique Identifier) und nutzen Klassifikationsschema von verbreiteten Taxonomien (z.B. D-U-N-S, Data Universal Numbering System, als Zahlencode für die eindeutige Identifizierung von Unternehmen). Zusätzlich werden alle businessServices aufgelistet, mit denen ein businessEntity verknüpft ist. (40) (36)

```
<businessEntity
    businessKey="uuid:C0E6D5A8-C446-4f01-99DA-70E212685A40"
    operator="HTTP://www.ibm.com"
    authorizedName="John Doe">
    <name>Acme Company</name>
        <description>
            We create cool Web services
        </description>
    <contacts>
        <contact useType="general info">
        <description>General Information</description>
        <personName>John Doe</personName>
        <phone>(123) 123-1234</phone>
        <email>jdoe@acme.com</email>
        </contact>
    </contacts>
    <businessServices>
    </businessServices>
    <identifierBag>
        <keyedReference
        tModelKey="UUID:8609C81E-EE1F-4D5A-B202-3EB13AD01823"
        name="D-U-N-S" value ="123456789" />
    </identifierBag>
    <categoryBag>
        <keyedReference
        tModelKey="UUID:C0B9FE13-179F-413D-8A5B-5004DB8E5BB2"
        name="NAICS"
        value="111336" />
    </categoryBag>
</businessEntity>
```

Abbildung 3-12 Aufbau eines businessEntity

Quelle: (40)

businessService

Mit Hilfe dieser Struktur werden Web Services beschrieben, die von einem businessEntity angeboten werden. In der Beschreibung sind Informationen darüber
zu finden, um welche Art von Web Service es sich handelt, und in welche Kate-
gorien von entsprechenden Taxonomien dieser gehört. Des Weiteren wird die

Anbindung des Dienstes beschrieben. Technische Details finden sich in binding-Templates. (40) (36)

```
<businessService
    serviceKey="uuid:D6F1B765-BDB3-4837-828D-8284301E5A2A"
    businessKey="uuid:C0E6D5A8-C446-4f01-99DA-70E212685A40">
    <name>Hello World Web Service</name>
    <description>A friendly Web service</description>
    <bindingTemplates>
        ...
    </bindingTemplates>
    <categoryBag />
</businessService>
```

Abbildung 3-13 Aufbau eines businessService

Quelle: (40)

bindingTemplate

In bindingTemplates werden technische Beschreibungen der Web Services ge-macht, die in der businessService-Struktur eingebunden werden. Einer Service-Struktur können mehrere bindingTemplates zugeordnet werden, um so verschie-dene Zugänge zum Dienst anbieten zu können. Im bindingTemplate werden alle Angaben gemacht, um den entsprechenden Web Service bedienen zu können, hierunter fallen Angaben wie die Adresse zum Service und zu möglichen weiteren Beschreibungen, die in Form von Referenzen (tModels) dargestellt werden, und Informationen zur Bedienung der Schnittstelle. (40) (36)

```
<bindingTemplate
    serviceKey="uuid:D6F1B765-BDB3-4837-828D-8284301E5A2A"
    bindingKey="uuid:C0E6D5A8-C446-4f01-99DA-70E212685A40">
    <description>Hello World SOAP Binding</description>
        <accessPoint URLType="HTTP">
            HTTP://localhost:8080
        </accessPoint>
        <tModelInstanceDetails>
            <tModelInstanceInfo tModelKey="uuid:xyz987...">
                <instanceDetails>
                    <overviewDoc>
                        <description>
                            references the description of the
                            WSDL service definition
                        </description>
                        <overviewURL>
```

```
                          HTTP://localhost/helloworld.wsdl
                        </overviewURL>
                      </overviewDoc>
                    </instanceDetails>
                  </tModelInstanceInfo>
                </tModelInstanceDetails>
            </bindingTemplate>
```

Abbildung 3-14 Aufbau eines bindingTemplates

Quelle: (40)

tModel

tModel steht für „technisches Modell" und kann in zwei Formen eingesetzt werden. Zum einen wird dieses Model genutzt, um technische Spezifikationen wie
z.b. Protokollformate, Austauschformate oder auch Kodierungsregeln zu einem
Web Service zu beschreiben. Darüber hinaus erlaubt die UDDI-Spezifikation den
Einsatz von tModels zur Beschreibung von Namensräumen. Hier können die bereits erwähnten Taxonomien oder aber auch abstrakte Modelle mit Namen-Wert-
Paaren erfasst werden.

Als „generischer Container" bietet diese Struktur Platz für jede Art von Spezifikation. Die notwendigen Informationen werden über ein Dokument verfügbar gemacht, welches als externe Referenz über das Attribut overviewDoc vom Typ
„wsdlInterface" eingebunden wird. Bei dem Dokument handelt es sich im Regelfall um eine in WSDL geschriebene Beschreibung, die von Software Applikationen
gelesen und verarbeitet werden kann. Eine für den Menschen lesbare Dokumentation ist mit Angabe eines weiteren externen Links in overviewDoc vom Typ
„text" möglich.

Das tModel unterliegt nicht der sonst streng hierarchischen Struktur von UDDI.
Dies wird in der Abbildung 3-11 deutlich. Die Elemente businessEntity, business-
Service und bindingTemplate nutzen tModel als Referenz, um mögliche Überein-
stimmungen in einer Schnittstelle zu zeigen. (36) (40) (30)

```
    <tModel tModelKey="uuid:xyz987..."
      operator="HTTP://www.ibm.com"
      authorizedName="John Doe">
      <name>HelloWorldInterface Port Type</name>
      <description>
           An interface for a friendly Web service
      </description>
      <overviewDoc>
           <overviewURL>
```

```
        HTTP://localhost/helloworld.wsdl
    </overviewURL>
  </overviewDoc>
</tModel>
```

Abbildung 3-15 Aufbau eines tModel

Quelle: (40)

publisherAssertion

Die Struktur publisherAssertion dient dazu, zwei oder mehrere businessEntity In-
stanzen aufgrund bestimmter Merkmale wie z.b. Abteilung oder Tochtergesell-
schaft in Beziehung zu setzen. (40)

```
<element
    name="publisherAssertion"
    type="uddi:publisherAssertion" />
<complexType name="publisherAssertion">
    <sequence>
        <element ref="uddi:fromKey" />
        <element ref="uddi:toKey" />
        <element ref="uddi:keyedReference" />
    </sequence>
</complexType>
```

Abbildung 3-16 Aufbau einer publisherAssertion

Quelle: (40)

3.3.4.4 Verzeichnisorganisation

Das Verzeichnis ist in drei Teilbereiche White, Yellow und Green Pages untergliedert. Ähnlich wie bei einem Telefonbuch können Suchen nach Kontaktperson
oder auch Kategorie erfolgen. Die Struktur soll an dieser Stelle kurz erwähnt
werden.

White Pages

White Pages sind wie Telefonbücher organisiert, also werden Personen und Orga-
nisationen und entsprechende Kontaktinformationen und möglicherweise Beschreibungen zum Eintrag in einem Register geführt. Zu jedem Element lassen
sich alle verfügbaren Web Services aufrufen.

Yellow Pages

In den gelben Seiten erfolgt die Klassifizierung auf Basis bestimmter Schlagwör-
ter, die als Standard (z.B. nach United Nations Standard Products and Services
Code) fest vorgegeben sind. Durch das Klassifikationsschema können Web Services besser gefunden werden.

Green Pages

In den Green Pages findet der Konsument die Schnittstellenbeschreibungen eines Web Services und kann so erfahren wie der Service aufgerufen werden kann. Diese Informationen speichert der Anbieter im tModel (3.3.4.3). Zusätzliche Pointer bieten mit externen Referenzen weiterführende Informationen auf der Website des Anbieters.

3.3.4.5 Schnittstellen

Für den Zugriff auf Einträge im UDDI-Verzeichnis werden Schnittstellen bereitgestellt, bei denen der Nachrichtenaustausch durch XML-Dokumente (meist SOAP-Nachrichten) erfolgt. Wie im Publish-Discover-Bind-Model (3.3.1.1) zu sehen, gibt es zwei Kommunikationsarten, nach denen gruppiert werden kann. Zum einen gibt es Anbieter, die ihre Daten im Verzeichnis hinzufügen oder administrieren möchten (Publishers API), zum anderen gibt es Konsumenten, die Anfragen an das Verzeichnis stellen (Inquiry API). UDDI Verzeichnisanbieter unterhalten im Regelfall unterschiedliche Zugangsknoten für die Schnittstellen, da für das Abfragen von Informationen z.B. keine TLS-Verschlüsselung notwendig ist und HTTP ausreichend ist. Sollen jedoch Einträge erstellt oder auch administriert werden können, sollte die Registrierungsstelle Konzepte zum Authentisieren des Benutzers anbieten und eine gesicherte Verbindung über HTTPs gewährleisten.

Publizierschnittstelle (Publishers API)

Diese Schnittstelle ist für Service Provider vorgesehen und ermöglicht das Hinzufügen, Ändern oder auch Löschen von Einträgen im Verzeichnis. Mögliche Operationen für das Erstellen oder Modifizieren sind z.B. `save_business`, `save_service`, `save_binding`, `save_tModel`.

Abfrageschnittstelle (Inquiry API)

Mit Hilfe der Abfrageschnittstelle können Konsumenten (meistens sind dies Software-Anwendungen) Abfragen auslösen, um Einträge in der UDDI Registry aufzufinden. Hierbei können Suchkriterien angegeben werden, das Ergebnis liefert entsprechend die besten Ergebnisse zurück. Es gibt Operationen zum Suchen wie z.B. `find_business`, `find_service` usw. und Operationen, mit denen detailliertere Informationen abgefragt werden können. Beispiele sind hiebei `get_businessDetail`, `get_serviceDetail` usw.

Weitere Schnittstellen

Der Vollständigkeit halber sollen die weiteren Schnittstellen aufgelistet werden, interessierte Leser können über (41) Informationen zur Schnittstellen-Spezifikation abfragen.

- UDDI Security API

- UDDI Custody and Ownership Transfer API

- UDDI Subscription API

- UDDI Replication API

3.4 Implementierungen

3.4.1 Tabellarischer Überblick

Name	Plattform	Spezifikationen	Protokolle
Apache Axis2	Java/C	WS-ReliableMessaging,WS-Security, WS-Atomic-Transaction, WS-Addressing, MTOM, WS-Policy, WS-MetadataExchange	SOAP, MTOM, WSDL2.0, WSDL
Apache CXF (XFire)	Java	WS-Addressing, WS-Policy, WS-Reli-ableMessaging, WS-Security, WS-Secure-Conversation, WS-SecurityPolicy, WS-Trust, MTOM	SOAP1.1/1.2, MTOM, WSDL2.0, WSDL
.NET Framework	C#, VB, .NET	WS-Addressing, WS-Security	SOAP, WSDL
Web Services Interoperability Technology	Java	WS-Addressing, WS-ReliableMessaging, WS-Coordination, WS-AtomicTransaction, WS-Security, WS-Security Policy, WS-Trust, WS-SecureConversation, WS-Policy, WS-MetadataExchange	SOAP, WSDL, MTOM

Tabelle 3-1 Web Service Frameworks

3.4.2 Details

Apache Axis2 (Apache eXtensible Interaction System) (65): Apache Axis ist eine Implementierung des Service Standards SOAP. Apache Axis2 wird häufig als Java-Servlet innerhalb einer Apache Tomcat-Installation betrieben, worüber dann Web Services bereitgestellt werden. Es werden unter anderem Web Service Standards wie WS-ReliableMessaging, WS-Security, WS-AtomicTransaction, WS-Addressing, MTOM, WS-Policy und WS-MetadataExchange unterstützt und Protokolle wie SOAP 1.1, 1.2 und WSDL 1.1.

Apache CFX (64): Apache CFX ist ein Web Services Framework, welches Unterstützung bei der Implementierung und Entwicklung von Web Services liefert. Die eingesetzten Services können unter anderem Protokolle und Technologien wie SOAP, XML/HTTP, und CORBA verwenden. Apache CFX unterstützt mehrere Programmiermodelle zum Entwickeln von Service-Clients.

.NET (61): Über das .NET Framework 2.0 können Web Services erstellt werden, welche unter anderem die Standards UDDI, WSDL, SOAP, XML und XSD unterstützen. .NET ist eine von Microsoft entwickelte Plattform, über welche Web Services z.B. über "ASP.NET Web Service (ASMX)" erstellt werden können.

Web Services Interoperability Technology (WSIT) (66): Entwickler können Service-Clients und Services erstellen, welche zwischen der Java-Plattform und der „Windows Communication Foundation" (WCF) bzw. mit dem .NET Framework von Microsoft interagieren. WSIT basiert auf der Programmiersprache Java und unterstützt Standards wie WS-MetadataExchange, WS-Transfer, WS-Policy und WS-Security und Protokolle wie WSDL und SOAP.

3.5 Service Komposition

3.5.1 Überblick

Die Komposition von Web Services findet großes Interesse bei der Integration von B2B-Anwendungen (Business-to-Business, allgemein für die Beziehung zwischen mehreren Unternehmen) und EAI (Enterprise Application Integration, das Verbinden verschiedener Geschäftsanwendungen auf unterschiedlichen Plattformen). Mit der steigenden Anzahl von angebotenen Services wächst auch der Bedarf an Service-Wiederverwendung und der Möglichkeit, Services zu komplexeren Services zusammenzusetzen.

Web Services bieten durch die standardisierten Schnittstellen eine Interoperabilität zwischen ansonsten heterogenen Softwaresystemen, bei denen ein Austausch andernfalls nur durch erheblichen Anpassungsaufwand möglich wäre.

Aufgrund der Vorteile, die durch Service Komposition entstehen, ergeben sich für eine Organisation viele Anwendungsmöglichkeiten.

3.5.2 Web Service Kompositions-Modelle

Web Services, bzw. deren Operationen können miteinander kombiniert und zu neuen „Composite" Web Services aggregiert werden. Genauer betrachtet handelt es sich bei der Web Service Komposition nach (30) um die Kombinierung von Service Methoden. Aus der Sicht eines Service-Clients ist dies nicht zu ersehen. Ein Composite Web Service hat die Aufgabe, für eine Client-Anfrage gegebenenfalls eine Reihe von weiteren Service-Aufrufen zu tätigen, welche dem Service-Client am Ende das gewünschte Ergebnis liefern. Damit kann die Komposition von Web Services auch als Weg betrachtet werden um die Komplexität einer niedrigeren abstrakten Ebene, auf welcher Services einfach direkt aufeinander folgend aufgebaut sind, zu vereinfachen.

Ein „Composite Web Service" ist laut (42) „... eine Schirm-Struktur, unter welcher mehrere elementare oder Composite Web Services miteinander vereinigt werden, welche entsprechend einem Prozess-Modell miteinander interagieren."

Neben der Komposition spielt auch die Orchestrierung von Web Services eine wichtige Rolle. Häufig besitzt ein Web Service mehrere Operationen, und Client-Anfragen benötigen gegebenenfalls mehrere Aufrufe an verschiedene Operationen in bestimmter Reihenfolge. Wie wir später sehen werden, ist es dann die Aufgabe einer Orchestrierung die Reihenfolge der Operationen über Geschäftsprozesse zu definieren.

Weitere wichtige Punkte sind Daten- und Datenzugriffsmodelle, Service-Auswahlmodelle, Transaktionale Semantik in Kompositionen und die Behandlung von Fehlern und Ausnahmen. Auf diese Punkte werden wir in dieser Seminararbeit nicht weiter eingehen und verweisen auf (30).

3.5.2.1 Orchestrierungsmodell

Ein Begriff, welcher immer wieder im Kontext der Web Service Komposition auftaucht, ist die Web Services Orchestrierung. Die Orchestrierung beschreibt mehrere Web Service Aufrufe als Geschäftsprozesse (Business Prozesse).

Laut (30) lässt sich das Orchestrierungsmodell folgendermaßen beschreiben: „Bei der Orchestrierung geht es darum, wie verschiedene Services als ein zusammenhängendes Ganzes zusammengesetzt werden können. Im Besonderen spezifiziert die Orchestrierung die Reihenfolge, in welcher Services aufgerufen werden, und die Bedingungen, unter welchen ein bestimmter Service aufgerufen oder nicht aufgerufen wird."

Die obige Definition zeigt, dass die Aufrufe von Komponenten, die in einer Orchestrierung vorgenommen werden, möglichen Business Prozessen aus der An-
wendungswelt entsprechen. Zur Definition der Orchestrierung, also der Beschreibung der Prozesse, hat sich der Standard BPEL (Business Process Execution Language) entwickelt, den wir an dieser Stelle näher beschreiben möchten.

BPEL

Ein Web Service stellt meist eine Menge von Operationen bereit und Service Cli-
ents müssen mehrere Operationen häufig in einer bestimmten Reihenfolge ausführen, um die gewünschten Ergebnisse zu erhalten. BPEL wurde entwickelt um
die Komposition mehrerer Web Services zu standardisieren.

Das Prozess Modell eines Composite Web Services kann über Zustandsdiagram-
me spezifiziert werden. Diese eignen sich besonders, da sie eine wohl definierte
Semantik besitzen und Prozessfluß-Darstellungen erlauben.

Die Business Process Execution Language (BPEL) ist eine von OASIS (43) standardisierte XML-Notation zum Beschreiben von Geschäftsprozessen (Business
Prozesse). Die Business Prozesse können über grafische Werkzeuge basierend
auf an UML angelehnten Sprachen entworfen und konfiguriert werden, worüber
dann schließlich konkrete Web Services generiert werden, z.B. in Form eines
Composite Web Services. Business Prozesse können dazu in Knoten und Transi-
tionen in einer XML-Datei beschrieben werden. Verschiedene Arten von Knoten
repräsentieren Entscheidungen, Verzweigungen etc., diese können dann mit
Klassen verknüpft werden, welche Verarbeitungen und Berechnungen durchfüh-
ren.

Laut (30) besitzt BPEL „…ein feinkörniges Komponentenmodel,l welches aus Aktivitäten besteht, welche in „Basis"- und „Strukturierte" Aktivitäten unterschieden
werden können. Strukturierte Aktivitäten werden im BPEL benutzt, um Orchestrierung zu definieren. Basis-Aktivitäten repräsentieren die eigentlichen ‚Komponenten', welche dem Aufruf einer WSDL Operation durch einen Service entsprechen…".

Auf Grundlage der BPEL-Aktivitäten ist es somit also auch möglich, Web Services
in Hinblick auf ihre Eigenschaften als Komponenten zu betrachten.

BPEL besitzt eine Reihe von Aktivitäten, über welche die Prozesslogik abgebildet
wird. Wie schon erwähnt ist diese in zwei Klassen von Aktivitäten unterteilt, in
die Basis- und in die strukturierten Aktivitäten. Die Basis-Aktivitäten sind atoma-
re Aktivitäten und umfassen Aktivitäten wie beispielsweise invoke, welche den
Request/ Reply-Aufruf eines Services umfassen, assign-Aktivitäten zum Ändern
des Inhalts einer Variablen, receive-Aktivitäten, welche für den clientseitigen

Empfang einer Nachricht stehen und *reply*-Aktivitäten, welche eine Antwortnachricht an einen Client senden, welcher eine Operation aufgerufen hat.

Strukturierte Aktivitäten beinhalten andere Aktivitäten und ermöglichen wie bereits erwähnt Orchestrierung von Web Services. Zu ihnen gehören z.B. *sequence* zum sequentiellen Ausführen von Aktivitäten, *switch* zum Ausführen einer Aktivität in Abhängigkeit von einer Bedingung, *while* zum wiederholten Ausführen einer Aktivität, bis eine Bedingung eintrifft und *flow* zum Gruppieren einer Menge von Aktivitäten für parallele Ausführung.

Ein Beispiel-XML-Dokument soll die Aktivitäten veranschaulichen. Neben einzelnen Deklarationen kann man im Code-Beispiel Operationen wie *sequence, assign* und *reply* wieder finden. Auf eine detaillierte Erläuterung verzichten wir hier und verweisen auf die Spezifikation von OASIS (43).

Häufig wird als BPEL-Sprache WS-BPEL benutzt. WS-BPEL wurde im Jahr 2002 gemeinsam von IBM, BEA und Microsoft eingeführt um Web Service Orchestrierungen zu beschreiben. WS-BPEL ist ein OASIS-Standard [OASIS]. Weitere Sprachen zum Beschreiben und Spezifizieren von Business Prozessen sind z.B. XPDL (XML Process Definition Language), XLANG (XML Erweiterung für WSDL), WSFL (55) (Web Services Flow Language) und BPML.

```
<process name="HelloWorld"
    targetNamespace="HTTP://jbpm.org/examples/hello"
    xmlns:tns="HTTP://jbpm.org/examples/hello"
    xmlns:bpel="HTTP://schemas.xmlsoap.org/ws/2003/03/
    business- process/"
    xmlns="HTTP://schemas.xmlsoap.org/ws/2003/03/
    business-process/">
    <partnerLinks>
        <!-- establishes the relationship with the caller agent -->
        <partnerLinkname="caller" partnerLinkType=
            tns:Greeter-Caller" partnerLinkType="tns:Greeter-Caller"
            myRole="Greeter" />
    </partnerLinks>
    <variables>
        <!-- holds the incoming message -->
        <variable name="request" messageType="tns:nameMessage" />
        <!-- holds the outgoing message -->
        <variable name="response"
            messageType="tns:greetingMessage" />
```

```
  </variables>
  <sequence name="MainSeq">
    <!-- receive the name of a person -->
    <receive name="ReceiveName" operation="sayHello"
      partnerLink="caller" portType="tns:Greeter"
      variable="request" createInstance="yes" />
    <!-- compose a greeting phrase -->
    <assign name="ComposeGreeting">
      <copy>
        <from expression="concat('Hello,',
          bpel:getVariableData('request','name'),'!')" />
        <to variable="response" part="greeting" />
      </copy>
    </assign>
    <!-- send greeting back to caller -->
    <reply name="SendGreeting" operation="sayHello"
      partnerLink="caller"
      portType="tns:Greeter" variable="response" />
  </sequence>
</process>
```

Abbildung 3-17 Beispiel eines BPEL-Dokumentes

Quelle: (44)

3.5.2.2 Komponentenmodell

Nach (30) sind Web Services „... *hoch entwickelte Wrapper, welche eine oder mehrere Anwendungen kapseln, indem sie eindeutige Schnittstellen und Web-Zugriff bereitstellen.*" Dies zeigt, wie Web Services in Bezug auf ihre Eigenschaft als Komponenten betrachtet verwendet werden können: Die gekapselte Funktionalität eines internen Systems wird nach außen hin über Web Schnittstellen in kontrollierter Weise zur Verfügung gestellt.

Das Kapseln eines Web Services kann als das Kapseln einer Service-Komponente verstanden werden. Aus der Sicht der Service-Clients sind die Service-Wrapper eines Service-Providers genau die Service-Komponenten, welche von der Client-Anwendung integriert werden und zwar, weil die Client-Anwendung aufgrund der Kapselung des Service-Wrappers tatsächlich nur die Service-Komponente sehen kann. Von einer höheren abstrakteren Ebene aus kann selbst ein Service-Client, welcher Service-Aufrufe tätigt, wiederum als Service-Komponente für andere Composite Web Services benutzt werden, da der Client bereits einzelne Service-Aufrufe beinhaltet. In diesem Fall ist die Eigenschaft der Wiederverwendbarkeit von Komponenten gut zu erkennen. (30) sagt dazu: „...eine der interessantesten

Eigenschaften der Service Komposition ist, dass über sie iteriert werden kann. Dadurch können zunehmend komplexere Applikationen definiert werden, dies geschieht, indem Komponenten fortschreitend auf zunehmend höheren abstrakten Ebenen zusammengesetzt werden." und „... ein Client selbst kann als Web Service veröffentlicht werden, so dass er wiederum als Komponente von Services höherer abstrakterer Ebenen benutzt werden kann."

Schließlich kann man noch sagen, dass die Kapselung und das Verbergen von heterogenen Services auch der Schlüssel ist, um die Integration verschiedener (heterogener) Anwendungen über Web Services zu ermöglichen. Hierin kann man das „black-box"-Prinzip von Komponenten wieder finden: heterogene Services werden über Standard-Schnittstellen und −Potokolle als „black-box"-Komponenten gekapselt, ohne dass ihr (heterogenes) Innenleben bekannt wird.

4 Nachwort

4.1 Zusammenfassung

In dieser Ausarbeitung haben wir die Begriffe der serviceorientierten Architektur, Komponenten und Web Services beschrieben.

Wir erinnern uns: Die Möglichkeiten vorgefertigte Softwarebausteine in bestehende Programmkontexte zu integrieren, wurde 1968 auf der NATO-Konferenz in Garmisch erstmalig diskutiert. Zu diesem Zeitpunkt stand die Industrie in Konflikt mit immer größer und teurer werdenden Softwareprodukten. Nach Vorstellung des von Brad Cox veröffentlichten Komponentenmodells "Integrated Circuits" folgten eine Vielzahl von Komponenten-Modellen wie das der Web Services und weitere Konzepte wie z.b, das der objektorientierten Programmierung. Es entstanden Komponenten-Frameworks, um die Entwicklung neuer Komponenten durch Vorgaben (wie z.b. Templates) zu vereinfachen und weiter zu standardisieren. Der Begriff der Wiederverwendbarkeit war geboren.

Mit der Entstehung der serviceorientierten Architektur haben wir den Fokus auf Geschäftsprozesse und verteilte Funktionalitäten gelegt, deren programmatische Umsetzung mit Hilfe von standardisierten Schnittstellen und Beschreibungen über die Grenzen eines Softwareproduktes hinweg gültig sein sollten. Diese so gewünschte Interoperabilität wurde mit Hilfe von Web Services und den hier eingesetzten Standards WSDL, SOAP und UDDI umgesetzt.

4.2 Zukunft, Trends und Ausblick

Software-Komponenten haben im Laufe der letzten Jahre große Beliebtheit erfahren. Mittlerweile gibt es viele Komponenten-Frameworks, über welche das Erstellen und Verwalten von Komponenten zunehmend erleichtert wird. Für das JSF-Framework beispielsweise gibt es bereits eine große Menge an vorgefertigten Komponenten, welche kostenlos oder kommerziell erhältlich sind und ohne großen Aufwand in eine JSF-Anwendung eingebunden werden können.

Unterschiedliche Komponentenmodellle besitzen jedoch leider auch eigene Spezifikationen über die Eigenschaften von Komponenten, welche nicht immer miteinander kombiniert werden können. Viele Komponentenmodellle sind sprach- und plattformabhängig und können damit nur in ihrem eigenen Framework-Kontext benutzt werden. Zudem wachsen in immer kürzerer Zeit immer mehr Frameworks wie „Pilze aus dem Boden" und versuchen sich in neuen Ansätzen. Dies hat steigende Unübersichtlichkeit zur Folge, muss aber nicht unbedingt schlecht sein, solange sich mehrere unterschiedliche Ansätze nicht zu weit und zu stark in ihren Spezifikationen voneinander entfernen. Im Gegenteil versuchen neue Frameworks aus den Fehlern und Schwächen älterer Frameworks zu lernen.

Einen wesentlichen Beitrag zur Plattformunabhängigkeit hat die Programmiersprache Java geleistet.

Wichtig zu erwähnen sind hier auch Microsofts COM- und .NET-Komponenten, welche mit verschiedenen Programmiersprachen wie C#, Visual Basic oder Borland's Delphi unter der einheitlichen Laufzeitumgebung CLR (Common Language Runtime) erstellt werden können.

Leider ist es auch heute noch nicht bzw. nur eingeschränkt möglich industriell vorgefertigte Komponenten wie DVD's im Supermarkt oder wie Schrauben im Baumarkt zu kaufen und einfach zu benutzen, indem sie in ein beliebiges Komponenten-Framework „eingesteckt" werden.

Um dies zu ermöglichen, müssen die Komponenten-Standards der verschiedenen Komponentenmodellle mehr vereinheitlicht und aneinander angepasst werden. Dass so etwas prinzipiell möglich ist, zeigen einheitliche Standards wie beispielsweise die Web-Protokolle HTTP und TCP/IP, welche globale Kommunikation zwischen unterschiedlichsten Rechnerarchitekturen und Programmiersprachen ermöglichen, ohne auf eine heterogene IT-Landschaft verzichten zu müssen.

Ein nicht zu unterschätzendes Problem und gleichzeitig auch großes Potential stellen wirtschaftliche Interessen bei der Entwicklung genormter Standard-Komponenten dar. Große Unternehmen verfolgen mitunter mehr ihre eigenen wirtschaftlichen Interessen in Abhängigkeit von der gegenwärtigen wirtschaftlichen Situation und firmeneigenen strategischen Zielen. In den letzten Jahren hat es jedoch häufig den Trend zu mehr Offenheit, Transparenz, gemeinsamen Standards und Zielen gegeben, welcher sich sicher fortsetzen wird.

Web Services werden häufig als Technologie der Zukunft bezeichnet. Als Software-Bausteine bieten sie Vorteile wie Wiederverwendbarkeit, Komposition, Plattformneutralität und geringe Kosten.

In vielen Unternehmen wurde in den letzten Jahren die betriebsinterne IT-Landschaft verstärkt ausgebaut und viele Arbeitsprozesse werden mittlerweile durch Software abgedeckt. Die Nutzung der Netz-Bandbreite ist enorm gestiegen und über den Durchbruch des Internets und den Ausbau von Web Service-Umgebungen in Unternehmen eröffnet sich die Möglichkeit heterogene IT-Landschaften miteinander kommunizieren zu lassen.

Obwohl viele Punkte für einen Erfolg von Web Services in den nächsten Jahren sprechen, kann solch ein Trend nicht unbedingt klar vorhergesagt werden. Manche Technologien wie Standards und Entwicklungswerkzeuge befinden sich noch in der Entwicklung. Es muss sich im Laufe der nächsten Jahre erst noch zeigen, ob Web Services die gesetzten Erwartungen wirklich erfüllen können.

Literaturverzeichnis

1. **McIlroy, M. D.** Mass-Produced Software Components. Garmisch, Deutschland: s.n., 1986. http://www.cs.dartmouth.edu/~doug/components.txt.

2. **P., Freeman.** Conceptual Analysis of the Draco Approach to Constructing Software Systems. 1987.

3. **Brad J. Cox, Andrew J. Novobilski.** Object-Oriented Programming: An Evolutionary Approach. 1991. Vols. 2nd ed. Addison-Wesley. ISBN 0-201-54834-8.

4. **Szyperski, C.** Component Software. Beyond Object-Oriented Programming. New York: s.n., 1998. Vols. Addison-Wesley.

5. **Tsichritzis, O. Nierstrasz and D.** Object-oriented software composition. s.l.: Prentice Hall, 1995. ISBN: 0-13-220674-9.

6. **Meyer, B.** The Grand Challenge of Trusted Components. 25th Int'l Conf. Software Eng. (ICSE '03) : s.n., 2003.

7. **Parnas, David.** On the Criteria to Be Used in Decomposing Systems into Modules. [Online] 1972. http://www.cs.umd.edu/class/spring2003/cmsc838p/Design/crite ria.pdf. http://www.indwes.edu/Faculty/bcupp/lookback/SoftwareEnginee ring/DavidParnas.Poster.htm.

8. **Gamma, E., Helm, R., Johnson, R, and Vlissides, J.** *Design Patterns, Elements of Object Oriented Software.* s.l. : Addison Wesley, 1994. ISBN 0201633612.

9. **Johnson.** [Online] 1997. http://cacm.acm.org/magazines/1997/10/8307-frameworks-components-patterns/pdf. http://www.idi.ntnu.no/grupper/su/courses/dif8901/papers2003/P-r22-johnson97.pdf .

10. **Scheben, Prof. Dr. Ursula.** Fernuniverstät Hagen. *Simplifying and Unifying Composition for Industrial Component Models.* [Online] 2006. http://www.fernuni-hagen.de/ps/pubs/diss-scheben.pdf.

11. SUN JavaBeans Definition. [Online] http://java.sun.com/developer/onlineTraining/Beans/Beans1/sim ple-definition.html.

12. SUN Java Beans API Specification. [Online] http://java.sun.com/products/javabeans/docs/spec.html .

13. SUN Enterprise JavaBeans Specifications. [Online] http://java.sun.com/products/ejb/ .

14. SUN EJB SessionBeans. *What is a Session Bean?* [Online] http://java.sun.com/j2ee/1.4/docs/tutorial/doc/EJBConcepts3.ht ml.

15. Corba Specification. [Online] http://www.omg.org/technology/documents/formal/corba_iiop.ht m.

16. Corba CCM Specification. [Online] http://www.omg.org/technology/docu-ments/formal/components.htm.

17. **Johnson, Rod.** *J2EE Design and Development.* s.l. : Expert One-on-One, 2002. ISBN 978-0-7645-4385-2.

18. **Wolff, Eberhard.** *Spring 2.* 2007. ISBN 978-3-89864-465-5.

19. **Richard Oates, Thomas Langer, Stefan Wille, Torsten Lueckow, Gerald Bachlmayr.** *Spring & Hibernate.* 2007. ISBN 978-3-446-40457-1.

20. SUN Java ServerFaces Specifications. [Online] http://java.sun.com/javaee/javaserverfaces/download.htm.

21. **Chris Schalk, Ed Burns, James Holmes.** *JavaServer Faces: The Complete Reference.* s.l. : McGraw-Hill Osborne Media. ISBN 978-0072262407.

22. **David Geary, Cay Horstmann.** *Core JavaServer Faces.* s.l. : Prentice-Hall. ISBN 0131738860.

23. **Natis, Yefim.** Service-Oriented Architecture Scenario. [Online] 2003 16-04. http://www.gartner.com/resources/114300/114358/114358.pdf.

24. **OASIS.** Reference Model for Service Oriented Architecture 1.0. [Online] 2006 12-10. [Cited: 2009 15-11.] http://docs.oasis-open.org/soa-rm/v1.0/soa-rm.pdf.

25. *The New Oxford American Dictionary.* 2005.

26. **Frankfurter Allgemeine Zeitung.** Web Services. 2003 14-10, p. 18.

27. **W3C.** Web Services Architecture. [Online] 2004 11-02. [Cited: 2009 15-11.] http://www.w3.org/TR/ws-arch/#whatis.

28. **Marks, Eric A. and Werrell, Mark J.** *Executive's Guide to Web Services.* s.l. : Wiley, 2003.

29. **GIS Development.** Potential of Using Web Services in Distributed GIS Applications. [Online] 2006 11. [Cited: 2009 10-12.] http://www.gisdevelopment.net/magazine/middleeast/2006/nov-dec/32_2.htm.

30. **Alonso, Gustavo, et al.** *Web Services.* s.l. : Springer-Verlag, 2004.

31. **Spall, Andreas.** The initial trio of Web Services specifications - SOAP, WSDL, UDDI. [Online] 2007 . [Cited: 2009 20-11.] http://www.ws-universe.com/article/the_initial_trio.html.

32. **DaimlerChrysler.** SOAP - von der Idee zum W3C-Standard. [Online] 2002 06-06. [Cited: 2009 20-11.] http://www.jeckle.de/files/SOAPDarmstadt2002.pdf.

33. **W3C.** SOAP Version 1.2. [Online] 2007 27-04. [Cited: 2009 20-12.] Deutsche Übersetzung von Alo Clemens. http://poseidon.home.tlink.de/w3c/REC-soap12-part0-20030624-de_DE/.

34. **Manhart, Dr. Klaus.** SOAP Spezifikation. [Online] 2007 02-02. [Cited: 2009 20-11.] http://www.tecchannel.de/webtechnik/soa/458074/nachrichten_verschicken_mit_soap_die_soap_spezifikation/index8.html.

35. **W3C.** Web Services Description Language (WSDL) 1.1. [Online] 2001 15-03. [Cited: 2009 20-11.] http://www.w3.org/TR/wsdl.

36. **Kuschke, Michael and Wölfel, Ludger.** *Web Services kompakt.* Heidelberg : Spektrum akademischer Verlag, 2002.

37. **The Stencil Group.** The Evolution of UDDI. [Online] 2002 19-07. [Cited: 2009 20-11.] http://uddi.org/pubs/the_evolution_of_uddi_20020719.pdf.

38. **Bellwood, Tom.** Understanding UDDI. [Online] 2002 01-07. [Cited: 2009 20-11.]

http://www.ibm.com/developerworks/webservices/library/ws-featuddi/.

39. **OASIS.** Introduction to UDDI: Important Features and Functional Concepts. [Online] 2004 01-10. [Cited: 2009 20-11.] http://uddi.org/pubs/uddi-tech-wp.pdf.

40. **Tutorials Point.** UDDI Data Model. [Online] 2009 . [Cited: 2009 20-11.] http://www.tutorialspoint.com/uddi/uddi_data_model.htm.

41. **OASIS.** UDDI Spec TC. [Online] 2004 19-10. [Cited: 2009 20-11.] http://uddi.org/pubs/uddi-v3.0.2-20041019.htm#_Toc85908075.

42. **Liangzhao Zeng, Boualem Benatallah, Marlon Dumas, Jayant Kalagnanam, Quan Z. Sheng.** DBLP Computer Science Bibliography. *Quality Driven Web Services Composition 411-421.* [Online] http://www2003.org/cdrom/papers/refereed/p358/htm/p358-zeng.html.

43. OASIS. *WS-BPEL.* [Online] http://www.oasis-open.org/specs/index.php#ws-bpel.

44. JBoss. *BPEL Beispiel Dokument.* [Online] http://docs.jboss.com/jbpm/bpel/v1.1/userguide/tutorial.hello.html.

45. **W3C.** SOAP Version 1.2 Part 1: Messaging Framework. [Online] 2007 27-04. [Cited: 2009 20-11.] http://www.w3.org/TR/soap12-part1/#soaphead.

46. **Wikipedia.** WSDL. [Online] 2009 19-11. [Cited: 2009 20-12.] http://de.wikipedia.org/wiki/Web_Services_Description_Language.

47. **W3C.** SOAP Version 1.2. [Online] 2007 27-04. [Cited: 2009 20-12.] http://www.w3.org/TR/2007/REC-soap12-part0-20070427/.

48. **W3C.** Web Services Activity. [Online] http://www.w3.org/2002/ws/.

49. **Reuters Limited.** Web-Services. [Online] 2005 28-07. [Cited: 2009 15-10.] http://www.gi-ev.de/no_cache/service/informatiklexikon/informatiklexikon-detailansicht/meldung/web-services-95/.

50. **Councill, G. Heineman and W.** Component-Based Software Engineering: Putting the Pieces Together. s.l. : Addison-Wesley, 2001.

51. **B. Christiansson, L. Jakobsson, and I. Crnkovic.** "CBD Process," Building Reliable Component-Based Software Systems. s.l. : Artech House, 2002.

52. **Wang, K.-K. Lau and Z.** A Survey of Software Component Models. [Online] 2006. http://www.cs.man.ac.uk/cspreprints/PrePrints/cspp38.pdf.

53. —. A Taxonomy of Software Component Models. 31st Euromicro Conf. Software Eng. and Advanced Applications (SEAA '05) : s.n., 2005.

54. **Casati, B. Benatallah and F. Casati.** *Distributed and Parallel Database, Special issue on Web Services.* s.l. : Springer-Verlag, 2002.

55. WSFL Spezifikation. [Online] http://www.ibm.com/software/solutions/web-services/pdf/WSFL.pdf .

56. **Heinemann, W. Councill.** *Component-Based Software Engineering: Putting the Pieces Together.* s.l. : Addison-Wesley, 2001.

57 **Kung-Kiu Lau, Zheng Wang** IEEE Transactions on Software Engineering, Vol. 33, NO. 10, Oktober 2007

58. COM [Online] http://www.microsoft.com/com/default.mspx

59. COM+ Protocol Specification [Online]

   http://msdn.microsoft.com/en-s/library/cc225390(PROT.10).aspx

60..NET 3.5 Dokumentation [Online]

   http://msdn.microsoft.com/de-de/library/w0x726c2.aspx

61 .NET 3.5 Technologieübersicht [Online]

   http://msdn.microsoft.com/de-de/library/63bf39c2.aspx

62 UML2.0 Specification: [Online]

   http://www.omg.org/spec/UML/2.0/Infrastructure/PDF/

63 SOA Magazine [Online] http://www.soamag.com/I27/0309-3.php

64 Apache CFX [Online] http://cxf.apache.org/

65 Apache Axis [Online] http://ws.apache.org/axis2/

66 Web Services Interoperability Technology [Online]

   http://java.sun.com/webservices/interop/features/index.jsp